# NOTICE

## SUR LA VIE ET LA MORT

DE

# JEAN-ANTOINE RICOUX

HOTELIER

DE L'ŒUVRE DE L'ADORATION NOCTURNE DU TRÈS-SAINT-SACREMENT,

lue à l'Assemblée des Membres de l'œuvre, en l'église de Saint-Thomas d'Aquin,
le dimanche 3 juin 1861,

MONSEIGNEUR DE SÉGUR PRÉSIDANT LA SÉANCE.

———

## PARIS.

AU SECRÉTARIAT DE LA SOCIÉTÉ DE SAINT-VINCENT-DE-PAUL,
6, RUE FURSTENBERG.

1866

# NOTICE

SUR

## LA VIE ET LA MORT DE JEAN-ANTOINE RICOUX.

Monseigneur,
Mes chers confrères,

En ce jour de la Fête-Dieu, qui réunit tous les membres de notre pieuse association, il m'a semblé que je répondrais aux sentiments de vos cœurs, comme je satisferais le mien propre, en consacrant quelques instants à la mémoire du vénéré confrère si dévoué à la sainte Eucharistie et à notre œuvre, que nous aimions tant à voir parmi nous, et qui, en nous quittant naguère, pour le séjour du ciel, nous laissait d'unanimes et si profonds regrets. Nous trouverons d'ailleurs dans cet hommage rendu aux rares mérites et aux admirables vertus de cet homme simple et humble, mais si parfaitement et si solidement chrétien, le double avantage d'accomplir un acte de justice, et de puiser dans les faits qui embellissent cette vie exceptionnelle, les plus sérieux motifs d'édification.

Vous me permettrez donc, pour cette fois, mes chers confrères, de remplacer le rapport réglementaire par cette courte et bien imparfaite notice sur la vie et la mort du bon et regrettable Ricoux.

Jean-Antoine Ricoux, que dans leur affectueuse vénération plusieurs d'entre nous avaient coutume d'appeler *le père Ricoux*, naquit le 22 novembre 1802, aux Mées, petite ville des Basses-Alpes, d'Antoine Ricoux, tonnelier, et de Félicité Guillot. Il était l'aîné d'une assez nombreuse famille, et sa jeunesse, que signala une piété toujours soutenue, fut employée à exploiter un moulin dont son père avait fait l'acquisition.

En 1830, il se maria à Valensolle, où il entreprit un commerce d'épicerie. Le bonheur qu'il trouvait dans cette union ne fut pas de longue durée; deux ans après, il perdit, à quinze jours d'intervalle, sa femme et sa fille unique. Il fut si affligé de cette double perte, qu'il quitta le pays et qu'il vint à Paris après avoir vendu son fonds : c'était en 1832.

Un an après son arrivée à Paris, il épousa une femme d'une grande vertu, originaire comme lui des Basses-Alpes, Mme veuve Aubert, mère de deux enfants, et qui tenait un magasin d'épicerie rue de la Ferme des Mathurins. Ce mariage fut contracté dans des vues de rare perfection, et Ricoux racontait, avec cette simplicité toute chrétienne qui était le caractère essentiel de sa nature, qu'ils avaient voulu, l'un et l'autre, en s'unissant, imiter saint Elzéar et sainte Delphine, ce glorieux couple, une des plus pures gloires de la catholique Provence.

M. et Mme Ricoux continuèrent avec fruit leur commerce pendant quelques années, et Dieu ayant béni leur travail, ils purent, en vendant leur fonds, se retirer avec quelques épargnes qui leur paraissaient suffisantes pour vivre tranquillement. Ils achetèrent, dans ce but, au Gros-Caillou, rue de l'Université, non loin du Champs-de-Mars, une maison avec jardin, qu'ils comptaient payer avec le produit de la vente de leur magasin. Mais les événements de 1848 ayant causé la ruine de leur acquéreur, ils se virent en présence d'une dette fort lourde, sans moyens proportionnés pour y faire face. Ce fut là l'origine de toutes les épreuves qui vinrent fondre sur notre bon Ricoux. Dieu seul sait avec quelle foi et quelle résignation il les supporta. Il aurait pu, en vendant sa maison, dégager sa situation ; il commit l'imprudence de la garder et de contracter de nouvelles charges, dans l'espoir de la mieux vendre un jour. Ceci consomma sa ruine. Tombé dans les mains de gens qui abusèrent de sa bonne foi et de sa confiance, il vit s'évanouir ses dernières ressources, et il se trouva dans la pauvreté la plus complète par l'expropriation de sa petite maison et de son jardin. Je n'ai pas besoin d'insister pour vous faire comprendre tout ce que ce dénûment dut faire éprouver de peine, d'humiliations et d'angoisses à notre regretté confrère. Dieu, en le privant aussi complétement des biens de ce monde, voulait grandir ses mérites et épurer sa vertu : en effet, jamais on n'entendit un mot de plainte sortir de sa bouche, jamais le moindre sentiment d'amertume contre les auteurs de sa ruine : il paraissait toujours content, et à chaque coup nouveau qui venait le frapper, il ne savait que s'incliner avec amour sous la main de Notre-Seigneur, le remercier et se réjouir de la part qu'il lui faisait dans ses souffrances.

Ricoux n'avait pas attendu ce fatal dénoûment pour chercher de nouveau dans le travail un allégement à sa position. Voyant sa petite fortune lui échapper, il essaya de gagner sa vie tout en satisfaisant son amour des bonnes œuvres et sa piété. La pureté de ce désir attira le regard de Dieu, et Ricoux trouva une honorable position où l'accomplissement des devoirs se confondait avec l'exercice de la charité. M. l'abbé Dedoue, alors secrétaire de Mgr Sibour, de si charitable mémoire, et aujourd'hui chanoine de Notre-Dame, à qui Mgr Jordany, évêque de Fréjus, ancien curé des Mées, avait recommandé son cher paroissien Ricoux, obtint qu'il fût employé près de lui. « Je n'oublierai de ma vie, écrivait dernièrement à ce sujet « M. l'abbé Dedoue, la chaleur avec laquelle il plaidait la cause des « malheureux qui venaient s'adresser à moi, se montrant plus con- « tent qu'eux quand je les accueillais de mon mieux, et plus triste, « plus affligé qu'eux aussi lorsque j'étais obligé de refuser. Sa joie « était de porter aux membres des conférences de Saint-Vincent-de- « Paul les demandes fort nombreuses que recevait l'archevêché, et aux- « quelles ces Messieurs étaient chargés de satisfaire avec les aumônes « mises à leur disposition. Ces aumônes étaient d'environ 2,000 fr. « par mois, distribués la moitié par les conférences, et la moitié di- « rectement, sans compter les dons personnels de Monseigneur. » — C'était Ricoux qui était chargé de porter ces derniers secours, et c'était une des plus grandes joies de son âme si cordialement charitable. Après la mort du vénérable Archevêque si cruellement enlevé à son diocèse, Ricoux conserva la même position de confiance auprès de M. l'abbé de Cuttoli, secrétaire de S. Ém. Mgr le Cardinal Morlot. Il ne la quitta qu'à la mort de Son Éminence, non sans laisser parmi tous les membres de l'administration diocésaine les plus honorables souvenirs.

En 1853, il accepta la charge de gardien du matériel de l'œuvre de l'Adoration nocturne du Très-Saint-Sacrement. L'œuvre avait peu de ressources. Ricoux eût voulu ne recevoir aucune rétribution, mais sa position ne le permettait pas, et bien que les émoluments qu'on l'avait forcé d'accepter fussent très-modiques, surtout dans le commencement, il tenait tellement à notre association, à laquelle il avait donné tout son cœur, qu'il refusa constamment les emplois beaucoup plus lucratifs qu'on lui proposa. D'ailleurs, il se sentait peu de goût pour des occupations qui n'avaient pas directement Dieu ou le prochain pour objet. Un seul emploi lui aurait convenu, disait-il, celui d'ordonnateur des pompes funèbres, parce qu'en conduisant tous ces morts à leur dernière demeure, il leur aurait fait l'aumône de la prière, cette aumône précieuse que si peu, hélas! reçoivent à Paris. Hâtons-nous d'ajouter que Ricoux n'avait pas besoin d'entrer dans l'administration des pompes funèbres pour remplir ce devoir de charité. Son amour pour les âmes du Purgatoire était immense, et les plus délaissées étaient celles qui excitaient le plus sa compassion. Une de ses principales préoccupations était de gagner des indulgences pour elles, afin de hâter leur délivrance. Cette pensée ne le quittait jamais. Elle était un des ressorts les plus puissants de ses saints travaux.

Comme on le voit, depuis que Ricoux s'était retiré des affaires, il s'était exclusivement adonné aux pratiques de piété et de charité ; n'apercevant pas, dans son humilité profonde, que sa vie avait toujours été exemplaire, il aimait à répéter : « J'ai longtemps vécu et travaillé pour le monde, et par conséquent fort inutilement : désormais je ne veux plus vivre et travailler que pour Dieu, et comme j'ai commencé tard, il faut que je répare le temps perdu. » Il mit, en effet, à profit avec une admirable ardeur, les dernières années que Dieu lui donna sur la terre. Il était de toutes les bonnes œuvres, et se faisait remarquer dans toutes par sa foi vive et ferme, par sa piété expansive, par sa charité sans bornes, par son zèle infatigable, que rien n'était capable de déconcerter. Membre du Tiers-Ordre de Saint-François-d'Assise depuis le 23 février 1841, il fit pendant quelque temps partie de la congrégation des Tertiaires. Son rôle unique était de proposer sans cesse de nouvelles entreprises de zèle et de charité, et il ne pouvait jamais comprendre que le manque de ressources pût être un obstacle à la réalisation de ses propositions. Jusqu'à la fin de sa vie, il assista régulièrement à toutes les assemblées du Tiers-Ordre. Le même témoignage de fidélité peut être donné par la Société des porteurs de la châsse de Sainte-Geneviève, dont il était un des membres les plus assidus, par la Société de Saint-François-Xavier du Gros-Caillou, dont il était le modèle. Quel chrétien se montra plus dévoué que lui au bien spirituel de sa paroisse ? Il était toujours prêt à tout entreprendre dans l'intérêt religieux de cette population nombreuse qui gardera longtemps son souvenir. L'œuvre de la Communion réparatrice, l'Association de prières et de pénitences, trouvèrent en lui un propagateur intrépide. Frappé des tristes faiblesses de notre société et des dangers qui la menacent, il sentait que la prière et la pénitence peuvent seules, en réparant le mal, toucher la miséricorde de Dieu. Obéissant à cette sainte folie de la croix qui s'était emparée de son cœur, il parcourait les rues, et, comme un autre Jonas, arrêtait les passants et les engageait à faire pénitence. Lui-même se livra à de telles mortifications, que sa femme en conçut de sérieuses inquiétudes pour sa santé, et qu'il ne fallut rien moins que l'autorité de son confesseur pour en modérer les rigueurs. — Faut-il parler du concours qu'il donna à l'œuvre de Saint-François de Sales. Le vénérable Fondateur de cette belle as-

sociation (1), qui nous fait l'honneur de présider ce soir notre réu‑
nion, le pourrait mieux que moi, lui qui avait notre bon Ricoux en
telle estime que tous les ans, le 29 janvier, jour de Saint-François
de Sales, il le recevait à sa table. Ricoux, comme vous le savez, as‑
sistait à presque toutes les nuits d'adoration, priant devant le Très-
Saint-Sacrement de 10 heures à minuit, et le matin de 4 heures à 6,
heures de la prière pour les Tertiaires de Saint-François. Chaque
jour il récitait l'office de la très-sainte Vierge et servait plusieurs
messes, notamment à Saint-Thomas de Villeneuve et à Notre-Dame
des Victoires. Il choisissait de préférence les sanctuaires consacrés
à la Mère de Dieu, dans laquelle il avait une confiance sans bornes.

Sa maison, dont il avait fait un sanctuaire de prières, était aussi
devenue le refuge de toutes les misères. Je dois renoncer, mes chers
confrères, même à vous donner une idée de tous les prodiges de
charité qui se sont accomplis dans cette modeste demeure. Que de
ménages sans travail y ont trouvé le pain de chaque jour, que de
vieillards sans asile y ont reçu l'hospitalité, que de jeunes filles y
ont été protégées contre les tentations du vice, que d'âmes y ont été
ramenées à Dieu. Il n'est pas jusqu'aux braves militaires de la ca‑
serne du Gros-Caillou qui n'aient éprouvé les salutaires influences
de ce voisinage béni. En tout cela, Ricoux était puissammeut se‑
condé par sa vertueuse femme. —Et lorsque la pauvreté vint visiter
cette demeure, elle ne put point faire cesser les aumônes. Ricoux
trouvait dans son cœur des ressources inépuisables, et au besoin, il
ne reculait pas devant l'héroïque moyen de réduire pendant plu‑
sieurs jours sa propre nourriture pour en procurer aux autres. Il eût
voulu tout avoir pour tout donner. Il se trouva souvent, dans ces
dernières années, dans l'obligation de recevoir pour lui-même des
vêtements que quelques confrères lui donnaient. Il les acceptait
avec une vive reconnaissance, mais il ne les gardait pas toujours.
Quel que fût son dénûment, s'il rencontrait plus pauvre que lui, il
se dépouillait de son meilleur habit et reprenait celui qu'une trop
grande vétusté lui avait fait abandonner. — Voulez-vous, mes chers
confrères, bien connaître le cœur de Ricoux ? Écoutez ceci : Ricoux
poursuivait de ses bienfaits depuis plus de deux ans une famille dans
laquelle l'inconduite du mari rendait vains tous ses sacrifices. Il
avait déjà donné des sommes considérables pour sa position, sans
que la misère eût diminué. Loin de se rebuter, il veut tenter un der‑
nier effort. La fête nationale du 15 août 1863 approche, les prépa-

_________

(1) Mgr de Ségur.

ratifs sont poussés activement sur l'esplanade des Invalides. — « Si ma pauvre famille pouvait avoir l'autorisation de vendre du vin, à cette fête, se dit-il, elle pourrait gagner de quoi payer son terme et sortir d'embarras. » Il va trouver un de nos confrères, qui peut accorder la permission désirée, n'a pas de peine à l'obtenir, et se met en mesure de tout organiser pour ce commerce improvisé : tables, chaises, verres, et surtout la pièce essentielle, le tonneau de vin sont bientôt en place. Le 14 au soir, la petite boutique est installée, et pourra recevoir les chalands le lendemain dès la première heure. Le protégé de Ricoux s'établit pour veiller, pendant la nuit, sur ce tonneau, dernier espoir de sa famille; mais, hélas! lorsqu'avant l'aube, sa femme et sa fille vinrent pour se joindre à lui, elles le trouvèrent sans mouvement, terrassé par le vin qu'il avait bu en trop grande abondance. Désolées et tout en larmes, elles coururent chez Ricoux, et lui racontèrent la douloureuse aventure. — Que faire? Ces deux femmes seules sont incapables de tenir tête à la foule pendant cette journée de réjouissances populaires. —Si on les abandonne, tant de peines et de frais seront perdus; Ricoux s'exécute.— Il court à l'église, entend la première messe, fait la sainte communion, et puis, s'oubliant entièrement lui-même, sans souci de sa réputation qu'il pouvait compromettre, sacrifiant les douces satisfactions que sa piété aurait trouvées dans le temple de Dieu en ce jour de solennel hommage rendu à la très-sainte Vierge, il va résolûment prendre la place de son indigne protégé, sert le public (et quel public!) toute la journée, et ne rentre chez lui que le soir, à une heure avancée, se contentant de dire après cette action vraiment sublime : « Ah! quelle journée de l'enfer j'ai passée là ! »

Personne de vous n'ignore que ce qui distinguait surtout Ricoux, c'était son amour pour la sainte Eucharistie et son dévouement pour notre œuvre. Souffrez que j'entre à ce sujet dans quelques détails. Ils ne vous apprendront rien de nouveau, mais c'est un devoir pour nous de rendre à sa mémoire, dans cette assemblée, ce témoignage public de notre affection et de notre reconnaissance.

Ricoux se présenta, pour faire partie de l'œuvre, à l'Adoration nocturne de Saint-Germain des Prés, au mois de mars 1852; il avait alors une cinquantaine d'années. Le directeur de la nuit fut frappé de l'accent de foi qu'il remarqua chez lui, et il proposa son admission au conseil.

Dès le début, Ricoux se signala par un zèle extraordinaire ; on le voyait, comme je l'ai déjà dit, à toutes les nuits d'Adoration, toujours prêt à remplacer les absents, mais sachant modérer son ardeur par l'obéissance la plus exemplaire au règlement et par une entière soumission à l'autorité des directeurs laïques. A cette époque d'organisation pour l'œuvre, Ricoux comprit bien vite que le service du matériel exercerait une influence notable sur son développement. Le personnel des adorateurs nocturnes, composé d'hommes appartenant à tous les rangs de la société, depuis le grand seigneur et le financier jusqu'au modeste employé et à l'ouvrier qui doit son existence à son travail de chaque jour, avait absolument besoin de trouver dans ce service une régularité pour ainsi dire infaillible, et des soins tout particuliers. Jusque-là le transport des matelas s'était fait par un entrepreneur de déménagements; c'était très-suffisant quand l'œuvre était bornée à un seul sanctuaire, mais cela cessait de l'être avec l'accroissement rapide que prenait l'Adoration nocturne.

Il y avait donc dans l'organisation de ce service toute une mission particulière, je dirai presque providentielle, qu'il n'était pas donné à tout le monde de comprendre. Dieu seul pouvait inspirer ce qu'il fallait de patience, de courage, d'humilité, de foi pour la remplir. Ricoux entreprit avec autant de joie que de résolution cette sainte mission qui devait être pour lui la source de si grands mérites aux yeux de Dieu et aux yeux des hommes. Il commença sa pénible, mais fructueuse carrière le 30 janvier 1853, en portant les matelas de l'œuvre à Saint-Étienne du Mont. Depuis ce jour, son courage et sa persévérance n'ont pas failli un seul instant, jusqu'au moment où la mort est venue mettre devant lui une barrière qu'il n'est donné à nul homme d'écarter. Pendant 13 ans, les adorateurs ont régulièrement et exactement trouvé, chaque soir, au lieu du pieux rendez-vous, les 14 matelas de l'œuvre, avec lesquels l'existence du bon Ricoux paraissait identifiée. Ni le vent, ni la pluie, ni la neige, ni le verglas, ni les rigueurs de l'hiver, ni les ardeurs de l'été, ni les distances n'arrêtaient ce digne homme, que les soldats membres de notre œuvre appelaient, dans leur langage énergique et pittoresque, *le saint cheval du bon Dieu*. Mais dans ces 13 années, que de fatigues, que de sueurs, que de peines et de privations. Je ne crains pas de passer pour indiscret en révélant quelques confidences intimes déposées de son cœur dans le mien.

Souvent, après une journée employée tout entière au service de Dieu, dans les œuvres de charité, le soir arrivant, il fallait, malgré la lassitude, traîner la charrette de l'œuvre à l'autre extrémité de Paris. Ricoux n'hésitait pas : il élevait son cœur vers Dieu, faisait une petite prière qui reconfortait son âme, et s'attelait à sa charrette. Le soleil ardent de juillet déclinait à l'horizon, mais la chaleur qu'il laissait après lui dans les rues de cette grande ville, accrue de toute celle qui jaillissait du sol brûlant, rendait l'atmosphère horriblement lourde et écrasante. Ricoux, à force de foi et de prières poursuivait péniblement sa marche; Dieu, disait-il, l'aidait dans ces moments-là ; mais enfin, les forces venant à manquer, il fallait s'arrêter. La tentation de laisser là le fardeau se présentait; — mais l'œuvre pouvait souffrir de l'absence des matelas, les confrères pouvaient se laisser décourager, d'ailleurs, il fallait bien endurer quelque chose pour Celui qui a tant souffert pour nous. Ces pensées ranimaient son courage, et se souvenant que notre divin Maître, portant sa lourde croix, avait accepté le secours de Simon le Cyrénéen, il recourait à la bonne volonté des passants, et, d'étapes en étapes, il arrivait enfin au sanctuaire, exténué, mourant de chaleur et de soif, mais triomphant.

Combien de fois ne l'avons-nous pas vu, pendant ces pluies torrentielles et continues qui inondent Paris, retardé par les difficultés de la route, arrivant mouillé et harrassé, et, dans un complet oubli de lui-même, donnant immédiatement ses soins à l'œuvre, sans même prendre le temps de se reposer, afin que la régularité de la nuit ne souffrît pas de son retard. C'est que l'Adoration nocturne était la passion de cette âme d'élite. Il y avait pour Ricoux, dans ces nuits, un attrait irrésistible, qui lui faisait surmonter tous les obstacles; il est vrai que son concours y était si utile, qu'il pouvait dire avec vérité : « Il faut bien que j'y sois, sans quoi la nuit ne se passerait pas bien. » C'est par cette volonté énergique, par ce violent amour de l'Eucharistie, que Ricoux suffit toujours à toutes les obligations que lui imposait le développement de l'œuvre, et la distribution à domicile de toutes les lettres de convocation (1). Loin de regretter sa peine, il bénissait Dieu de voir grandir le nombre des sanctuaires acquis à l'Adoration nocturne, et sa joie ne connut plus de bornes quand il apprit qu'il n'y aurait plus d'interruption dans l'Adoration perpétuelle. Par ses bons rapports avec le clergé et le personnel des sacristies, il aplanissait toutes les difficultés de détail; sa bonhomie, sa tendre piété, son humilité profonde, lui avaient gagné tous les cœurs : il n'y avait pas une église, pas une communauté où il ne fût connu, aimé, vénéré. Nul de nous ne saurait oublier cet attendrissement avec lequel il parlait de Dieu et des choses de Dieu. Ce n'étaient pas de longs discours, mais un mot, une simple parole de foi : le soir, au sanctuaire, nous l'avons vu souvent, prenant dans

(1) Quand on le rencontrait portant ces lettres, si on lui demandait : « Que faites-vous? Je fais la poste du bon Dieu, » répondait-il.

ses mains rudes, mais riches de bonnes œuvres, les mains de nos confrères, et le regard humide de larmes, les remercier avec émotion d'être venus rendre hommage au Dieu de l'Eucharistie et se réjouir à la pensée du bonheur de l'adorer ensemble. L'amour de Dieu était le but unique de sa vie ; aussi rien ne lui coûtait pour le faire naître dans les âmes : il avait le don de l'inspirer à tous, riches et pauvres. En contact, dans les différentes œuvres dont il faisait partie, et notamment dans l'œuvre de l'Adoration nocturne, avec des hommes de la plus haute et de la plus élégante société, l'ascendant de sa vertu était tel, qu'il se trouvait au milieu d'eux comme leur égal, et même avec une certaine supériorité, si on en juge par les témoignages d'affectueuse déférence dont il était l'objet de leur part.

Tant de mérites ne suffisaient pas à préparer la glorieuse couronne qui attendait notre saint confrère. Il eut à supporter un genre d'épreuves particulièrement pénibles pour son cœur si aimant : je veux parler des fréquentes et dangereuses maladies de sa femme, qu'une paralysie d'abord, et plus tard de graves chutes et de nombreux accidents conduisirent plusieurs fois jusqu'aux portes du tombeau. Ces épreuves répandirent bien de l'amertume sur les dernières années du bon Ricoux. — Forcé de sortir pour son travail, il craignait chaque fois de trouver sa femme morte ou grièvement blessée ; car il savait que bien souvent, pendant son absence, tombée sur le sol, elle n'avait été relevée que plusieurs heures après par un voisin ou un ami, venu pour lui rendre visite. Pour elle, semblable à la femme forte de l'Évangile, elle cherchait à le rassurer. Elle lui disait, avec une pieuse gaîté : «Pourquoi te tourmenter ainsi ; si tu « me trouves morte, tu sauras bien où je suis allée. » Malgré ces vives et perpétuelles inquiétudes, Ricoux conservait toujours son calme et sa sérénité, et comment les aurait-il perdus? Durant ces longues heures de souffrances morales et d'angoisses, que faisait ce rare chrétien ? il priait... il priait pour lui-même, et pour sa femme sans doute, mais principalement pour les pauvres pécheurs qu'il aimait d'une tendre compassion, pour les âmes du purgatoire, et surtout pour la gloire de Dieu, qu'il savait si méconnue. Ah! mes chers confrères, que de grâces ces prières unies à de si durs et si généreux sacrifices ont dû faire descendre du ciel!

Rien n'était plus touchant que la tendresse de l'excellent Ricoux pour sa chère compagne. La délicatesse de ses soins et de ses attentions, l'intelligence de son dévouement, contribuèrent beaucoup à prolonger cette vie qui lui était si précieuse. Il s'était procuré une

petite voiture dans laquelle il plaçait la pauvre infirme et la traînait
lui-même; il la portait jusqu'à Fontenay-aux-Roses, où une géné-
reuse amitié leur avait cédé une chambre et un tout petit jardin.
Les malades que de longues souffrances ont affaiblis sont quelque-
fois exigeants : souvent, à peine arrivés, il fallait repartir, et Ricoux,
sans se plaindre, son bon sourire sur les lèvres, reprenait aussitôt
la route de Paris. Vous vous demandez comment il pouvait résister
à un travail incessant de jour et de nuit, bien au-dessus de ses forces
et de son âge. La réponse serait difficile si nous ne connaissions les
merveilles opérées par la divine Eucharistie et la toute-puissance de
la prière. Quant à lui, il ne doutait pas qu'il ne fût soutenu par un
secours spécial d'en haut. Maintenant, c'est à peine si j'ose vous
parler de l'édification que donna Ricoux, atteint lui-même par la
maladie, à la suite d'une chute horrible dans laquelle il eut deux
côtes cassées. Aucun de ceux qui l'ont visité sur son lit de douleur
n'oubliera sa résignation, sa patience, sa joie de faire la sainte volonté de Dieu, et l'humilité de sa reconnaissance pour les marques
d'intérêt dont il fut l'objet.

Cependant une suprême et dernière douleur allait enfin briser
cette âme si forte, qu'il semblât qu'elle fût invulnérable.

A la suite d'une nouvelle chute, où elle avait été grièvement blessée, et dont les conséquences faisaient prévoir une fin prochaine,
Mme Ricoux était depuis vingt-huit jours dans son lit, presque mou-
rante, lorsque, le mercredi-saint, appelant son mari, elle lui dit :
« Demain, nous irons ensemble communier à la paroisse. — Pas demain, répondit-il en la regardant tristement; mais le jour de Pâques.
— Non, reprit-elle; j'ai prié saint Joseph, et nous irons demain. »
En effet, le lendemain on la vit, s'appuyant sur le bras de son mari,
gagner péniblement l'église. Ils entendirent la messe, communiè-
rent ensemble et ne revinrent chez eux qu'après avoir assisté à
toutes les pieuses cérémonies de la matinée du jeudi-saint. « Je sa-
vais bien, disait Mme Ricoux, que saint Joseph m'exaucerait. » En
rentrant, elle reprit son lit, et six jours après, le 4 avril, mercredi,
jour consacré à saint Joseph, elle rendit son âme à Dieu.

La douleur de Ricoux fut profonde, mais toute chrétienne. Il étouf-
fait toute plainte, malgré la vive souffrance que lui faisait éprouver
la pensée de l'isolement auquel il semblait désormais condamné;
sûr du bonheur éternel de celle dont il connaissait si bien les vertus, il disait, en portant la main sur son cœur : « J'en ai bien gros
« là, mais je ne puis pleurer, j'ai trop de joie; » puis, regardant ce
corps inanimé, il ajoutait : « On ne sait pas ce qu'était cette femme,

« ni ce qui s'est passé dans cette chambre depuis cinq ans. Si Dieu
« le veut, je l'écrirai un jour. » Ces secrets, comme bien d'autres, il
les a emportés dans l'éternité. En effet, ces deux âmes si bien unies
par les liens de la plus pure charité, ne devaient pas rester longtemps
séparées. Le vendredi, 6 avril, au retour des funérailles de sa femme,
Ricoux s'alita, une fluxion de poitrine commençait, à son insu ; elle fit
des ravages tels, que le lendemain matin, quand une personne amie
ne l'apercevant pas, entra dans sa chambre, il n'y avait déjà plus d'espoir. Ricoux fit appeler aussitôt son confesseur, le R. P. Bonaven-
ture, capucin, qu'il embrassa avec transport. Ses souffrances étaient
grandes, mais sa foi l'était bien plus encore. Il n'avait qu'un désir,
celui de recevoir le Dieu de l'Eucharistie qu'il avait tant aimé. Comme
on l'engageait à prendre du repos et à attendre au lendemain : « Non,
« dit-il ; aujourd'hui même : qui a vu demain ? » — Il faut avoir prié
près de lui pendant les heures bénies de l'adoration pour comprendre avec quels transports d'amour il reçut son divin Sauveur. Un
de nos confrères, M. Joseph de la Bouillerie, étant venu le voir quelque temps après, et lui parlant du bonheur qu'il avait dû éprouver
dans cette communion : « Oh ! oui, répondit-il, j'ai été bien heu-
« reux ! — C'était bien beau ! — Il y avait beaucoup d'anges autour
« de Notre-Seigneur. »

Un de nos confrères, M. Daniel Collet, ne le quitta pas pendant
toute sa maladie. C'est à lui que nous devons les détails de cette
mort précieuse. Je ne saurais mieux faire que de le laisser parler lui-
même :

« Des prescriptions médicales douloureuses, dit-il, avaient été sus-
« pendues pour la réception des derniers sacrements. Lorsque le
« prêtre se fut retiré, le malade, après s'être assuré qu'aucune par-
« celle de la sainte hostie ne restait plus dans sa gorge desséchée,
« se souleva, et nous présentant son corps : *Maintenant*, nous dit-il
« avec un accent indéfinissable, *faites de moi ce que vous voudrez*. Il
« s'abandonnait à tout, et je puis affirmer qu'aucune plainte n'ef-
« fleura ses lèvres brûlantes. Malgré ses souffrances, il ne cessait de
« prier ; à ceux qui faisaient des vœux pour son rétablissement, il
« répondait : *Ce que Dieu voudra*. Lorsque seul avec lui, je lui par-
« lais du bonheur du ciel, son visage s'illuminait, il joignait forte-
« ment les mains, et, levant les yeux, il répandait de douces lar-
« mes, — puis bientôt, il recommençait à prier. — La veille de sa
« mort, il fit approcher de son lit les personnes qui l'entouraient,
« et leur dit : « J'éprouve une joie indicible. — Je suis déjà dans le
« paradis. — Je vois des milliers d'anges qui viennent au-devant de

« moi pour me recevoir, » et il resta comme en extase. —Quelques
« instants après, penché sur lui, j'entendis ces mots : « Cieux, ou-
« vrez-vous. »

« La nouvelle de sa maladie s'étant répandue, il s'établit vers son
« humble demeure un courant de visites qui ne cessa qu'après sa
« mort. Des membres de l'œuvre, des prêtres, des religieux, des
« hommes et des femmes du monde, de simples ouvriers, des pau-
« vres qu'il avait comblés de bienfaits, tous voulaient le voir une
« dernière fois ; car tous l'aimaient.—Mgr l'évêque de Carcassonne,
« présent à Paris, vint lui donner sa bénédiction. — Sa Grandeur
« emporta de cette visite une impression des plus profondes. —
« C'était, disait-elle, une des plus saintes morts qu'elle eût vues.

« Ricoux recevait tous ces témoignages de reconnaissance et
« d'affection avec son humilité et sa simplicité ordinaires ; une
« femme du monde qu'il ne connaissait que de nom, mais qui avait
« été bonne pour lui, et avec laquelle il était uni de prières, vint le
« voir ; lorsque je la nommai, il se souleva, prit affectueusement sa
« main et la mienne, nous attira près de lui et nous bénit.

« Enfin le jeudi soir, 12 avril, vers 6 heures, commença pour lui
« la lutte solennelle. Ayant rejeté vivement ce qui couvrait sa tête,
« le front inondé d'une sueur froide que j'essuyais sans cesse, il
« s'avançait courageusement au devant de la mort, comme Notre-
« Seigneur, et, ainsi que lui, il redoublait de prières. — Tantôt il les
« murmurait seul, tantôt, par un mot, il m'indiquait celles que je
« devais dire, et comme il sentait que le temps lui échappait, à peine
« avais-je fini qu'il m'en indiquait d'autres. Son esprit fut lucide
« jusqu'à la fin. — Il me dit : Prions pour tous ceux qui se sont re-
« commandés à moi ; et nous dîmes ensemble Notre-Père ; Je vous
« salue, Marie, et trois fois Gloire au Père, gloire au Fils, gloire au
« Saint Esprit — Trois heures s'écoulèrent de la sorte. — Que de
« fois, pendant ce temps il embrassa l'image du Sauveur, il baisa ses
« plaies sacrées, il pressa la croix sur son cœur ! Depuis longtemps,
« ma main ne quittait pas sa main. — Je sentais le pouls faiblir ; la
« respiration devenait d'instants en instants plus rare..... Un der-
« nier souffle vint expirer sur le Christ que je présentais à ses lèvres.
« Son âme était allée à Dieu. — Tous ceux qui étaient présents
« dirent à genoux et avec larmes le *De profundis* ; je lui fermai les
« yeux et nous lui rendîmes en silence les derniers devoirs.

« Il était 9 heures 20 minutes du soir, heure à laquelle il se ren-
« dait d'ordinaire aux adorations, et c'était le jeudi, jour consacré
« au Très-Saint-Sacrement.

« Mort du chrétien, ajoute M. Daniel Collet, mort enviable, non
« tu n'as rien qui fasse frémir : Nous t'avons vue à l'œuvre et nous
« t'avons donné rendez-vous à notre dernière heure. Tu es la porte
« du ciel; tu es l'eau bienfaisante dans laquelle l'âme dépose ses
« moindres souillures. Viens donc, viens nous conduire aux pieds
« de celui qui t'a subie, mais qui t'a vaincue. Comme lui, tu nous
« coucheras dans le tombeau, mais comme lui et par lui, nous res-
« susciterons un jour, et nous te serons redevables de la félicité et de
« la gloire qui ne cessent jamais. »

Par une permission divine et afin de répondre au vœu exprimé
par notre cher défunt d'être entouré de tous ses confrères, ses obsè-
ques n'eurent lieu que le dimanche, 15 avril. Chacun sait quelles
en furent l'édification et l'émouvante grandeur. L'église de Saint-
Pierre du Gros-Caillou était trop petite pour contenir la foule qui
entourait le modeste cercueil de cet homme mort si pauvre, qu'il
n'avait pas laissé de quoi pourvoir aux frais de son inhumation. Un
de nos confrères (1) en a déjà fait le récit; permettez-moi de le
reproduire :

« Le dimanche 15 avril, une foule immense, composée d'hommes
« de tout rang, de tout âge, de toute condition, entourait un cer-
« cueil porté par le corbillard des pauvres. Cette foule qui grossis-
« sait d'instant en instant, obstruait le passage de la rue Saint-
« Dominique Saint-Germain, où demeurait le défunt. — Aux
« passants étonnés de cette affluence et qui demandaient, qui donc
« est mort? une seule voix répondait, la voix du peuple : —
« C'est un saint homme, c'est le père Ricoux. — A l'église, des cen-
« taines de voix fortes et recueillies répondaient aux chants fu-
« nèbres. Quel était donc cet homme auquel on faisait des funérailles
« si magnifiques dans leur simplicité? Pourquoi cette nombreuse
« assistance, ces prêtres venus des paroisses éloignées, ces Frères
« des écoles chrétiennes, ces Sœurs de Saint-Vincent-de-Paul?
« Pourquoi la croix et la bannière? Pourquoi enfin cette pompe et
« ce majestueux ensemble qui se continuent jusqu'au bord de la
« tombe? »

Ce qui précède vous a répondu, digne appréciateur de si hautes
vertus, mais pas entièrement, toutefois, — c'est à vous que revient
l'honneur de compléter cette bien imparfaite notice, — laissez-moi
donc continuer à vous citer :

« Le Seigneur Jésus, était toujours présent à ses yeux; il le voyait

(1) M. Eugène Alcan. Voir la *Semaine religieuse*, du 22 avril 1866.

« dans la divine Eucharistie et il le voyait dans la personne des
« pauvres, qui lui ont gardé la plus vive et la plus touchante recon-
« naissance. Nous les avons entendus : — Oh ! le saint homme di-
« sait un d'eux, si celui-là n'est pas au ciel, qui donc y sera? — Que
« de bien il m'a fait, disait un autre; que de fois il m'a donné à
« manger alors que j'avais faim; que de fois aussi, ajoutait une
« pauvre infirme demandant son pain au seuil de l'Eglise, il m'a
« apporté durant les longs jours de l'hiver un aliment chaud et for-
« tifiant... Il nous semblait alors entendre retentir dans les célestes
« espaces l'écho de ces divines et fécondes paroles : « *Venez les bé-*
« *nis de mon Père, car j'ai eu faim, et vous m'avez donné à manger,*
« *j'ai eu soif et vous m'avez donné à boire, j'étais nu et vous m'avez*
« *revêtu* » Et cette harmonie des cieux remplissait notre âme des
« plus ineffables émotions. — Nous avons vu un vénérable vieillard,
« âgé de cent cinq ans, que le bon père Ricoux assistait et que depuis
« plusieurs années il conduisait à la communion pascale de Notre-
« Dame, pour recevoir des mains de sa Grandeur Mgr l'Archevêque
« de Paris le pain des anges qui nourrit les enfants et les vieillards
« pour la vie éternelle; nous l'avons vu ce vénérable centenaire,
« mêler ses larmes à l'eau sainte qu'il jetait sur la dépouille mor-
« telle de celui qui avait été son bienfaiteur et son ami. »

Et maintenant, mes chers confrères, il ne me reste plus rien à
ajouter, sinon que l'œuvre de l'Adoration nocturne, voulant rendre
un dernier hommage à la mémoire de celui à qui elle devait tant,
fit célébrer le 27 avril, dans l'église de Saint-Thomas-d'Aquin, une
messe de Requiem, qui fut dite par M. l'abbé Le Rebours, supérieur
de l'œuvre, et à laquelle assistèrent un grand nombre d'associés.

Sachons, mes chers confrères, mettre à profit les enseignements
de cette vie et de cette mort si chrétiennes. Efforçons-nous d'imiter
les vertus de notre saint et regretté confrère, afin de pouvoir imiter
sa mort, et répétons en terminant, ces paroles de nos Saints Livres :
Seigneur, que mon âme meure de la mort des justes et que la fin de
ma vie ressemble à leurs derniers moments.